Dom Juan

· · · · · · · · · · · · · · · · ·

Molière

ANALISI DEL LIBRO

Scritto da Lucile Lhoste
Tradotto da Sara Rossi

Dom Juan

MOLIÈRE

MOLIÈRE

DRAMMATURGO, ATTORE E DIRETTORE DI SCENA FRANCESE

- **Nato a Parigi nel 1622**
- **Morto lì nel 1673**
- **Opere degne di nota:**
  - *Dom Juan* (1665), commedia
  - *L'avaro* (1668), commedia
  - *Il borghese gentiluomo* (1670), comédie-ballet

Autore, regista, direttore di scena e attore, Molière (il cui vero nome era Jean-Baptiste Poquelin) nacque a Parigi nel 1622 da una borghesia benestante. Decise molto presto di intraprendere la carriera teatrale e fondò, insieme all'attrice Madeleine Béjart, la compagnia Illustre Théâtre. Dopo dodici anni di teatro itinerante nelle province, tornò a Parigi dove fu notato da Luigi XIV che lo prese al suo servizio.

Scrisse soprattutto commedie in cui, sotto la maschera dell'umorismo, metteva in evidenza i difetti dei suoi contemporanei (preziosismo, pedanteria, avarizia, ecc.) e criticava la società del XVII secolo (padri autoritari, ipocrisia religiosa, medici ciarlatani, ecc.) Le sue numerose opere teatrali sono ancora oggi influenti e fanno di Molière uno degli autori più importanti del secolo classico.

Morì a Parigi nel 1673.

DOM JUAN

DOM JUAN O IL LIBERTINO PUNITO

- **Genere:** teatro (commedia)
- **Edizione di riferimento:** Molière (2006) *Dom Juan.* Parigi: Éditions Larousse.
- **1ª edizione:** 1665
- **Temi:** seduzione, dissolutezza, ipocrisia, religione, barocco

Il Dom Juan fu rappresentato per la prima volta nel 1665. La commedia ebbe un enorme successo per le prime quindici rappresentazioni, fino a quando Molière fu accusato di empietà e di aver deliberatamente scelto Sganarelle – l'avversario di Dom Juan – come un povero difensore della religione.

Mutuata dalla commedia spagnola e dal teatro italiano, questa tragicommedia mescola i generi e non rispetta la regola delle tre unità. La commedia non fu mai pubblicata durante la vita dell'autore, ma fu riscoperta nei secoli successivi e il "gran signore diventato uomo malvagio" che Molière condannò divenne un mito affascinante.

SINTESI

ATTO I

Scena 1

Gusman, cavaliere di Dona Elvira, viene a chiedere a Sganarelle, un valletto, il motivo della partenza precipitosa del loro padrone Dom Juan, che ha appena prelevato la giovane donna dal suo convento per sposarla. Sganarelle risponde che "un matrimonio non gli costa nulla da contrarre" e che "un grande signore che diventa un uomo malvagio è una cosa terribile".

Scena 2

Arriva Dom Juan e Sganarelle lo avverte della presenza di Dona Elvira. Dom Juan gli dice che "un altro oggetto ha scacciato Elvira dai [miei] pensieri" e giustifica la sua incoerenza: secondo lui, "tutto il piacere dell'amore sussiste nel cambiamento".

Scena 3

Elvira, che capisce subito che Dom Juan non la ama più, egli offre come spiegazione uno scrupolo religioso: "Credevo che il nostro matrimonio fosse solo un adulterio mascherato". L'ipocrita religioso fa la sua prima apparizione nel personaggio di Dom Juan, provocando la rabbia di Elvira.

ATTO II

Scena 1

Pierrot, un contadino, racconta a Charlotte, una contadina, come ha salvato un padrone e il suo valletto dall'annegamento. Descrive il costume sfarzoso del signore. Poi ricorda a Charlotte che si sposeranno.

Scena 2

Il padrone e il suo valletto citati da Pierrot non sono altro che Dom Juan e Sganarelle. Dom Juan fallisce nel tentativo di sedurre la giovane donna che aveva in mente, ma questo oggetto del desiderio viene rapidamente sostituito da un altro: una contadina, Charlotte, che lo seduce e alla quale offre il matrimonio.

Scena 3

Pierrot entra in scena ed esprime la sua gelosia. Invece di scusarsi, il gran signore schiaffeggia il contadino.

Scena 4

Arriva Mathurine, una donna a cui Dom Juan ha promesso prima il matrimonio. Dom Juan fa il doppio gioco, promettendo il matrimonio prima all'una e poi all'altra, in discussioni private. Sganarelle avverte le contadine: "Il mio padrone è un mascalzone […] è lo sposo dell'intera razza umana".

Scena 5

Il suo spadaccino avverte Dom Juan che dodici uomini a cavallo lo stanno cercando. Dom Juan chiede a Sganarelle di scambiarsi i vestiti con lui per permettergli di sfuggire agli inseguitori.

ATTO III

Scena 1

Per non essere ucciso al posto di Dom Juan, Sganarelle propone al suo padrone un altro travestimento: Dom Juan in abiti di campagna, Sganarelle come medico. Sganarelle interroga il padrone sulle sue convinzioni. Cauto, Dom Juan si limita a rispondere: "Credo che due più due faccia quattro, Sganarelle, e che quattro più quattro faccia otto."

Scena 2

Persi nel bosco, i due uomini chiedono indicazioni a un mendicante che vive di carità. Dom Juan gli offre un pezzo d'oro, a patto che giuri contro Dio. Il mendicante rifiuta.

Scena 3

Quando vede un uomo aggredito da altri tre, Dom Juan, in nome del suo ideale aristocratico, lo soccorre. È Carlos, il fratello di Elvira, che è venuto a cercare Dom Juan per fargliela pagare per l'insulto alla sorella.

Scena 4

Dom Alonse, l'altro fratello di Elvira, arriva e riconosce Dom Juan. Vuole ucciderlo, ma Dom Carlos glielo impedisce in nome dello stesso codice d'onore, visto che Dom Juan gli ha appena salvato la vita: suggerisce di rimandare la vendetta.

Scena 5

Dom Juan e Sganarelle si imbattono in un mausoleo e nella statua del comandante che Dom Juan ha appena ucciso. Per sventatezza, invita il comandante a cena. La statua risponde positivamente abbassando la testa.

ATTO IV

Scena 1

Sganarelle non dubita che "il cielo […] abbia prodotto questo miracolo" per convincere il suo padrone a pentirsi.

Scena 2

Viene annunciato il signor Dimanche, uno dei creditori di Dom Juan.

Scena 3

Grazie ai suoi convenevoli, Dom Juan riesce a mandare via il suo creditore senza pagare più di qualche parola.

Scena 4

Poi Dom Louis, il padre di Dom Juan, stanco del comportamento del figlio, gli ricorda ciò che è dovuto alle sue origini aristocratiche e che "la nascita è nulla senza la virtù". Dom Juan risponde con un'ultima osservazione insolente.

Scena 5

Sganarelle, che condanna l'atteggiamento del figlio nei confronti del padre, è costretto a tacere per paura.

Scena 6

Arriva Elvira, coperta dal velo del convento in cui si è ritirata. Il cielo ha lasciato nel suo cuore "solo una fiamma purgata da tutti i commerci dei sensi": cerca di salvare Dom Juan da un'impenitenza finale che suggellerebbe la sua dannazione.

Scena 7

Mentre Elvira ha "risvegliato in lui qualche brace di un fuoco spento", Dom Juan cena in compagnia del suo valletto. Qualcuno bussa alla porta. È la statua del comandante.

Scena 8

La statua si siede al tavolo e invita Dom Juan a cena per il giorno successivo.

ATTO V

Scena 1

Dom Juan annuncia al padre la sua improvvisa conversione: "l'improvviso cambiamento che il Cielo ha fatto in me sorprenderà tutto il mondo".

Scena 2

Tuttavia, Dom Juan è in realtà sempre lo stesso e ammette al suo valletto che questo improvviso cambiamento è stato solo "un utile stratagemma" per ingannare il padre e assicurarsi i suoi affari. L'ipocrisia, "vizio privilegiato", ha dei vantaggi meravigliosi: "è il vero modo per fare impunemente tutto ciò che si vuole".

Scena 3

A Dom Carlos, venuto per l'ultima volta a chiedere che Dom Juan riprenda la moglie che ha abbandonato, quest'ultimo risponde che la sua conversione lo rende impossibile e che "ha preso consiglio con il Cielo al riguardo".

Scena 4

Sganarelle è indignato: "Signore, che stile sta prendendo ora?"

Scena 5

Il fantasma di una donna velata appare e invita Dom Juan a pentirsi. Ma il libertino rifiuta la misericordia del Cielo e mostra tutti i segni di un peccato rafforzato.

Scena 6

Appare la statua del comandante: Dom Juan sente un fuoco invisibile che lo consuma, si apre una voragine e la terra lo inghiotte. Sganarelle conclude: "Guarda un po', tutti soddisfatti della propria morte! […] Nessuno è infelice tranne me […] La mia paga! La mia paga! La mia paga!"

STUDIO DEL CARATTERE

DOM JUAN

Dom Juan, che domina tutto con la sua presenza schiacciante, finisce per essere sconfitto. In questo complesso personaggio, Molière espone sorprendenti contrasti. Viene rappresentato come un uomo di "qualità", appartenente a una grande famiglia e che mostra alcuni dei tratti legati alle sue origini: eleganza, cortesia, seduzione naturale, linguaggio abile, coraggio cavalleresco. Eppure, tutto ciò che fa di umile contrasta con la sua altissima nobiltà.

Le sue sfaccettature successive – l'amante libertino (Atto I), l'ateo (Atto III), l'ipocrita (Atto V) – sono il risultato di una progressione logica: il libertinaggio nelle questioni di cuore porta al libertinaggio nelle questioni dell'anima, che porta alla falsa devozione. Come Dom Juan non crede nell'amore, non crede in Dio, e come il libertino seduce le donne, l'ipocrita abusa degli uomini. Molière è riuscito a fare un crescendo, rendendo il suo personaggio sempre meno attraente per il pubblico e facendo dell'ipocrisia il vizio peggiore e il peccato che lo porterà alla dannazione eterna, come spiega Sganarelle: "Tutto quello che ti mancava prima per perfezionare il tuo arsenale era questa ipocrisia!" (Atto V, scena 2). Poiché ha sfidato Dio, è Dio stesso che lo punisce, dopo avergli offerto la sua misericordia, che egli rifiuta. La spettacolare morte di Dom Juan, con tuoni e lampi e la nera voragine dell'inferno, è come il personaggio, al tempo stesso fiammeggiante e oscuro, una contraddizione vivente, un ossimoro barocco (figura retorica che unisce due parole contraddittorie).

SGANARELLE

Non c'è coppia teatrale più unita di Sganarelle e Dom Juan, che sono sempre insieme in quasi tutte le scene. Il valletto è legato al suo padrone dalla necessità ("La mia paga! La mia paga! La mia paga!") e dalla paura: "Con me la paura fa le veci dello zelo". Poiché la commedia mescola i generi, egli è contemporaneamente il tradizionale valletto comico, codardo, chiacchierone, amante della buona tavola, e un tragico sicuro di sé, come quando Dom Juan, ipocritamente, gli mostra il fondo della sua anima.

È il complice del suo padrone, una sorta di doppio inferiore che si comporta come lui per compiacenza e mimetismo. Quando il suo padrone è lontano, diventa il suo giudice. Tanto vigliacco quanto coraggioso è il suo padrone ("Cosa? Canaglia, scappi quando mi attaccano?" Atto III, Scena 5), può opporsi alla logica rigorosa del suo padrone solo con un silenzio stupefatto o con un discorso disordinato: "Che uomo! Che uomo!" (Atto V, Scena 2). Sebbene cerchi di dimostrare l'esistenza di Dio con il classico argomento delle cause finali (la perfezione dell'uomo comanda un creatore), quando interroga il padrone sulle sue convinzioni, cita l'Uomo Nero, una figura delle superstizioni popolari. Per questo motivo, coloro che accusavano la commedia di empietà rimproveravano a Molière di aver scelto Sganarelle come difensore della religione.

Tuttavia, Molière ha altri difensori della religione sparsi nella commedia:

- Il mendicante: di fronte a Dom Juan, che è diventato il volto della tentazione di fargli commettere un peccato mortale giurando, rifiuta: "Preferirei morire di fame" (Atto III, Scena 2).
- Dom Louis, rappresentante di Molière, che gli ricorda che "la nascita senza la virtù non è nulla" (Atto IV, Scena 4).
- Donna Elvira.

ELVIRA

Questo personaggio è una creazione di Molière. Dom Juan ha sedotto questa religiosa di nobili natali per farla uscire dal convento e sposarla, ponendosi così già come rivale di Dio.

Elvira appare per la prima volta come una moglie ferita che chiede giustizia. Il suo amore vero e unico contrasta con le molteplici conquiste di Dom Juan, che è incapace di amare e al quale deve prestare le parole che avrebbe voluto sentire: "Perché non giurare che i tuoi sentimenti per me sono incrollabili, che mi hai sempre amato con lo stesso impareggiabile ardore e che nulla può separarti da me se non la morte?".

Questo amore vero si fa ancora più puro e diventa "una santa tenerezza". Toccata dalla grazia, appare velata nel IV atto, indossando l'abito del convento in cui torna: "Mi vedete molto cambiata da quella che ero stamattina". Questa scena è l'esatta controparte di quella in cui anche Dom Juan finge di essere stato toccato dalla grazia divina, prima di ammettere di non essere cambiato. L'agape (amore spirituale) di

Elvira si oppone all'eros (amore fisico) di Dom Juan, "un amore distaccato, che non agisce affatto per se stesso"; Elvira viene a salvare Dom Juan da un ultimo peccato che lo porterebbe alla dannazione. Ma, incapace di commuoversi con il linguaggio del cuore, egli è sensibile solo all'erotismo di Elvira. Elvira apparirà un'ultima volta sotto forma di fantasma velato, incarnazione della misericordia, che Dom Juan rifiuta.

ANALISI

IL MAESTRO E IL VALLETTO

Una coppia inseparabile

Dom Juan, presente in 25 scene su 27, è sempre seguito da Sganarelle, presente in 26 scene. C'è una costante subordinazione dell'uno all'altro, al punto che il valletto appare talvolta come il doppio inferiore del suo padrone.

Sganarelle, complice di Dom Juan

Temendo di essere picchiato, Sganarelle è costretto ad "applaudire ciò che la sua anima detesta" (Atto I, Scena 1). Confrontato da Elvira che esige una spiegazione, Dom Juan chiede al suo valletto di rispondere per lui: "Madame, ecco Sganarelle, che sa perché sono partito" (Atto I, Scena 3). Per sfuggire ai suoi inseguitori, il padrone suggerisce al suo valletto di scambiarsi i vestiti: "Felice il valletto che può ottenere la gloria di morire per il suo padrone" (Atto II, Scena 5). Come il suo padrone, Sganarelle incoraggia il mendicante a commettere bestemmie ("Avanti, giura un po', non c'è niente di male" (Atto III, Scena 2); come lui, manda via il creditore, il signor Dimanche, per non pagare i suoi debiti.

Sganarelle, giudice di Dom Juan

Ridotto al silenzio quando è in presenza del suo padrone, il valletto "versa il suo cuore" quando è lontano (Atto I, Scena 1), o quando parla a bassa voce. Al pubblico viene quindi dipinto un ritratto annerito di Dom Juan: "Ah! Che padrone abominevole sono costretto a servire!". (Atto I, scena 3). Poiché vive a stretto contatto con il suo padrone, Sganarelle crede di conoscerlo bene: "Conosco il mio Dom Juan come il palmo della mia mano" (Atto I, Scena 2). Tuttavia, Dom Juan sfugge alla sua presa, così come sfugge alla nostra. Il valletto può, al massimo, abbozzare alcune delle sue caratteristiche: "Ma questo è solo un abbozzo del personaggio, e per finire il ritratto avrei bisogno di molta vernice" (Atto I, Scena 1). Il ritratto di Dom Juan rimane quindi incompiuto.

LA COMPLESSITÀ DEL MAESTRO E LA SEMPLICITÀ DEL VALLETTO

Profondità psicologica

Poiché il suo scopo è principalmente quello di provocare la risata, Sganarelle rimane limitato dai tratti tradizionali del valletto comico. Il suo padrone ha una profondità psicologica che a lui manca. Di fronte alla morale comune del suo valletto, Dom Juan proclama la libertà e l'audacia aristocratica di essere se stessi, sfidando sia Dio che la società.

Il grande signore

Le qualità – e i difetti – di Dom Juan derivano dalla percezione del proprio valore, che lo pone al di sopra delle leggi, ma anche dai suoi modi, dal suo coraggio cavalleresco e dall'eleganza dei suoi discorsi. È soprattutto attraverso il suo linguaggio, la sua arma per sedurre le donne, che si dimostra la sua superiorità. Attraverso un'implacabile argomentazione, egli distrugge la logica della falsa devozione, mentre Sganarelle, che cerca di dimostrare l'esistenza di Dio o di condannare l'ipocrisia del suo padrone, può solo opporre esclamazioni incoerenti: "Cielo! Sta sentendo?" (Atto V, Scena 2).

Il significato dell'opera

Quale parte sostiene Molière? I critici della commedia gli rimproverano di aver scelto in Sganarelle un povero difensore della religione. Questa affermazione è vera, così come è vero che è vile e superstizioso. Questo significa che Molière si schiera con Dom Juan, approvando segretamente il suo comportamento libertino? È difficile confermarlo, perché se il libertino e l'ateo hanno un certo fascino, l'ipocrita religioso è fastidioso; allo stesso modo, il "gentiluomo" che, con le sue malefatte, ignora le regole della civiltà, è per l'uomo del 17° secolo un "abominio alla natura".

Molière, come sempre, si schiera con i personaggi che rappresentano la misura e l'onestà: Elvira, la mendicante, Dom Carlos e Dom Louis, difendono ciò a cui Dom Juan si oppone meglio di quanto potrebbe mai fare Sganarelle. Tuttavia, è il valletto che annuncia fin dall'inizio il tragico destino che attende il suo padrone.

DOM JUAN – UN ALTRO TARTUFFE?

La lotta di Tartuffe e la lotta di Dom Juan

Quando *Dom Juan* fu rappresentato per la prima volta sul palcoscenico, il 15° febbraio 1665, *Tartuffe* era ancora vietato. Un anno dopo, poiché Molière era sotto sorveglianza, interruppe la produzione della commedia dopo quindici rappresentazioni, nonostante il successo di pubblico. Il V atto del *Dom Juan* è la risposta di Molière ai suoi avversari, ai quali mostra un ipocrita religioso che svela la sua impostura, ma che in seguito sarà condannato senza mezzi termini.

Il grande signore e il contadino

Mentre Dom Juan è un ipocrita religioso "per pura politica", Tartuffe è un "contadino" senza risorse, un impostore di professione: è la figura del parassita. Sensuale, "rotondo e rosso, pieno di salute e ottimamente nutrito" (Atto I, Scena 4), non ha l'eleganza di Dom Juan, che, pur essendo un ipocrita religioso, rimane comunque un gran signore. Per quest'ultimo, la maschera dell'ipocrita è un altro modo per esprimere la sua libertà sovrana, "per giocare il suo gioco in pace con una sovrana impunità" (Atto V, Scena 2).

Sedurre e ingannare

Tuttavia, sia Tartuffe che Dom Juan usano questa maschera per sedurre. Tartuffe abusa della credulità di Orgon e della signora Pernelle, che sono pronti a rinnegare la propria famiglia a suo vantaggio. Dom Juan invoca il Cielo per sedurre Charlotte (Atto II, Scena 3) e interpreta il suo ruolo così bene che Dom Louis crede nella sua conversione, così come Sganarelle: "Ah! Signore, vi siete convertito! Siete convertito! L'ho aspettato a lungo e ora, grazie al Cielo, tutti i miei desideri sono esauditi" (Atto V, Scena 2).

L'IPOCRISIA, UN VIZIO PRIVILEGIATO

La parte dei devoti

Per l'uno come per l'altro, l'ipocrisia è un vizio privilegiato. Nel V atto del *Dom Juan*, Molière regola i conti con coloro che hanno fatto bandire *Tartuffe* e lo hanno accusato di attaccare la vera fede, mentre in realtà ne denunciava solo la parodia, l'ipocrisia religiosa. C'è un salto dall'io di Dom Juan alla forma impersonale e al tempo presente delle verità generali nei detti che descrivono i peccati del secolo: "L'ipocrisia è un vizio alla moda, e tutti i vizi alla moda passano per virtù" (Atto V, Scena 2).

Il mantello della religione

All'epoca, nessuno osava attaccare i devoti. Denunciare un impostore significava rischiare di toccare un uomo di vera fede e di infangare i sacri misteri. Alcuni "si sono fatti scudo del manto della religione e […] sotto questa veste rispettabile, si permettono ancora di essere il peggiore degli uomini" (Atto V, Scena 2). Dom Juan non si separa dalle sue "dolci abitudini" e Tartuffe invita Elmire a cedere alle sue avances (Atto III, Scena 3), usando come argomento l'impunità dei devoti, spiegando che è una garanzia di segretezza: "Gli uomini della mia specie, però, amano con discrezione/ e ci si può fidare completamente della nostra reticenza" (Atto III, Scena 3).

Il potere della cabala

Così, gli ipocriti, sapendosi colpevoli, sono tutti complici ("Ciò che scuote uno di loro, manda tutti alle armi", Atto VI, Scena 2), e si sostengono a vicenda, sia attraverso la legge del silenzio, che garantisce la loro impunità, sia attraverso la violenza dei loro attacchi. Per non essere giudicati per quello che sono veramente, diventano giudici degli altri: "Io mi farò censore degli altri, giudicherò male di tutti, e non avrò buona opinione di nessuno se non di me stesso" (Atto V, Scena 2).

L'ARRESTO DELL'IMPOSTORE E LA PUNIZIONE DIVINA DEL LIBERTINO

Molière condanna i suoi personaggi

Sebbene il libertinaggio di Dom Juan possa essere attraente, egli diventa odioso, come Tartuffe, quando usa la religione per abusare degli uomini. In *Tartuffe,* Molière prende la precauzione di affermare in una delle sue indicazioni sceniche che "È un furfante che parla" (Atto IV, Scena 5), proprio come scrive in *Dom Juan* "fare l'ipocrita" (Atto V, Scena 1). Poiché l'intera arte dell'ipocrita consiste nell'indossare una maschera, Molière smaschererà finalmente i suoi personaggi per mostrare al pubblico il loro vero volto, le profondità della loro anima, per assicurarsi che il pubblico sia d'ora in poi insensibile al loro fascino.

La punizione finale

La dimensione dei due personaggi si misura in base alla loro punizione. In omaggio a Luigi XIV, che aveva sostenuto la commedia di Molière, Tartufo viene arrestato come truffatore dall'emissario del re, "al quale ogni vergogna è odiosa" (Atto V, Scena 7), che in questa commedia ha il ruolo di deus ex machina. Quanto a Dom Juan, affronterà la morte da solo.

La morte di Dom Juan

È Dio stesso che manda Dom Juan all'inferno, in una scena spettacolare in cui il personaggio solare, con un costume dorato e nastri color fiamma, viene illuminato per l'ultima volta da una luce accecante: "Il tuono risuona e grandi fulmini circondano Don Juan" (Atto V, Scena 6). È una *pièce à machines* e, contrariamente al teatro classico, Dom Juan muore in scena. È un modo per trasmettere al pubblico il tormento della dannazione e per ispirare "terrore e pietà", come in una tragedia: "O cielo! Che cosa sento? Un fuoco invisibile mi brucia, non posso più muovermi, e tutto il mio corpo si sta trasformando in un carbone ardente. Ah!" (Atto V, Scena 6). Prima bruciato dal fuoco dell'amore, alla fine muore tra le fiamme dell'inferno.

CARATTERISTICHE DEL BAROCCO

Il Barocco nasce in Italia nella seconda metà del XVI secolo, come conseguenza della Controriforma (la riforma cattolica condotta nel 16° secolo contro la riforma protestante). Il termine, che deriva dal portoghese *barroco*, designa una pietra preziosa intagliata in modo irregolare, e fu usato inizialmente con una connotazione negativa per condannare un estetismo che si allontanava dall'ideale classico.

Movimento e distorsione delle forme

Gli aderenti al Barocco credono che tutto sia movimento: l'uomo è una creatura mortale, i cui sentimenti sono perennemente incostanti; il tempo fugge, la natura è in perenne mutamento. Pertanto, rifiutano l'arte lineare del classicismo, che evoca un mondo stabile, a favore della curva e della linea spezzata, che suggeriscono uno squilibrio. La poesia descrive il movimento sfuggente dell'acqua, la fiamma che si consuma, il potere distruttivo del tempo.

Maschere e metamorfosi

Questa sensazione di instabilità ha portato alcuni aderenti al Barocco a considerare l'universo stesso come un gioco di riflessioni poco chiare. La vita è un sogno? Come possiamo distinguere tra ciò che è e ciò che sembra essere, tra il volto e la maschera? Nell'arte, il trompe l'oeil, il decoro, la facciata, tutto ciò che riguarda l'apparenza, acquisisce sempre più importanza. Nel teatro di corte e nel balletto, il travestimento e gli ornamenti divennero molto amati.

Ostentazione ed eccesso

In un mondo instabile, l'affermazione orgogliosa di sé è un modo per rivaleggiare con la grandezza (Dio, la Natura), per lottare contro ciò che può schiavizzare l'uomo (leggi civili, morali o religiose). L'iperbole, che comporta l'esagerazione di un'idea, è quindi la figura retorica più favorita del Barocco e l'incarnazione di questo desiderio di superamento.

La percezione della morte

Sebbene alcuni pensatori barocchi celebrino l'incoerenza come un modo per liberare l'uomo – essendo questi pensatori libertini per quanto riguarda la fede e la morale – altri, profondamente religiosi, considerano questa fragilità come un promemoria della miseria di un uomo senza Dio. I pittori, nelle "vanità", mostrano oggetti della conoscenza umana o della gloria mondana accanto a un teschio, per ricordarci che siamo: "memento mori" (ricorda che morirai).

DOM JUAN, UN PERSONAGGIO BAROCCO?

Movimento e distorsione delle forme

Dom Juan è un uomo di desiderio, quindi spontaneo e incostante. Per consentire questo perpetuo cambiamento di luoghi e donne – poiché entrambi sono collegati – Molière rifiuta la regola dell'unità di luogo e usa l'iperbole per mostrare un personaggio troppo grande per i limiti del nostro mondo: "Come Alessandro, vorrei che ci fossero altri mondi, per potervi marciare e fare anche lì le mie conquiste amorose" (Atto I, Scena 2).

Maschere e metamorfosi

Dom Juan è un personaggio proteiforme, i cui tratti non sono più visibili sotto le successive maschere. Nella scena con il mendicante, egli mostra a turno il volto nero del tentatore, poi quello del cavaliere con l'armatura, mentre soccorre un uomo aggredito da tre furfanti. Inoltre, in un mondo in cui trionfa l'ipocrisia, questo "vizio privilegiato" che prende le sembianze della virtù, bisogna indossare una maschera "per pura politica" e per "approfittare della debolezza degli uomini" (Atto V, Scena 2).

Ostentazione ed eccesso

La magnificenza del suo costume dorato, come descritto da Pierrot, mostra l'amore di Dom Juan per gli ornamenti ostentati fatti per sedurre e ingannare. A questo eccesso fa eco il suo desiderio di conquiste che superano i limiti ristretti del nostro mondo, e il suo sentimento di superiorità come grande signore che lo pone al di sopra delle leggi umane e lo porta a sfidare Dio: il personaggio ha quindi dimensioni quasi sovrumane, che hanno contribuito al suo mito.

La percezione della morte

La paura della morte non sembra colpire Dom Juan ("nulla mi scuote", Atto IV, Scena 7), né egli teme gli avvertimenti degli uomini o i segni del cielo. Ma la morte getta la sua ombra su tutta l'opera e la punizione finale è annunciata fin dalla prima scena. La morte del personaggio è messa in scena in modo spettacolare, secondo la moda barocca, al tempo stesso oscura e fiammeggiante, costituendo un ossimoro, un'alleanza di contrari.

IL MITO DI DON GIOVANNI

Le origini

Don Giovanni viene citato per la prima volta ne *L'imbroglione di Siviglia e il convitato di pietra* (1630), un'opera educativa di un monaco, Tirso de Molina, in cui un grande signore sfida le leggi di Dio e degli uomini e muore tra le fiamme dell'Inferno. L'opera arrivò poi in Italia dove fu trasformata in una commedia farsesca, quindi in Francia, con il titolo *La festa con la statua.* Nel 1665, Molière riprese la commedia di successo.

Che cos'è un mito?

Espressione delle aspirazioni o dei conflitti più profondi dell'uomo, un personaggio diventa un mito quando supera la cornice dell'opera che lo ha creato. Dopo Molière, che ha dato a questo personaggio complesso la sua piena misura in un'opera in cui anche il soprannaturale ha un ruolo da svolgere, il Dom Juan sarà in seguito utilizzato di nuovo e interpretato in modo diverso a seconda dell'epoca.

IL DON GIOVANNI DI MOLIÈRE

Il grande signore

Il "gran signore diventato uomo malvagio" mostra tutte le qualità aristocratiche, ma in modo deviato: cercando solo il piacere nell'amore, coraggioso nei duelli, disprezza gli uomini e disprezza Dio per abitudini naturali di orgoglio e coraggio, che sono il risultato del suo rango. Mentre il personaggio di

Tirso de Molina non si esime dall'implorare la misericordia di Dio se questo gli permette di evitare la dannazione, il Dom Juan di Molière rifiuta di vedere e ascoltare i segni soprannaturali che gli vengono inviati: "No, nulla mi incute terrore" (Atto V, Scena 5).

La punizione finale

La punizione è pari alla sfida lanciata da Dom Juan a Dio e agli uomini. Se Molière lo usa per condannare l'ateo, l'ipocrita e il gran signore che ha l'ardire di porsi al di sopra delle leggi, in un'epoca attaccata alle regole della società, il posto che gli dà, i poteri di seduzione che gli attribuisce, sono la prova di un grado di fascino nascosto.

EVOLUZIONE DEL PERSONAGGIO

Nel 18° secolo, Lovelace in *Clarisse Harlowe* (scritto nel 1748 da Samuel Richardson) e Valmont in *Le relazioni pericolose* (scritto da Choderlos de Laclos nel 1782) hanno ereditato alcuni tratti di Dom Juan: ma da un secolo all'altro, il "gran signore diventato uomo malvagio" è diventato una canaglia. Sebbene la leggerezza della musica di Mozart nell'opera italiana *Don Giovanni* (1787) sia un equivalente dell'incostanza del libertino, Da Ponte, autore del libretto, condanna il personaggio attraverso la morte spettacolare del finale, proprio come fece Molière.

Per i romantici, Dom Juan è un eroe di rivolta, un uomo alla ricerca dell'assoluto. Musset, nel suo poema *Namouna* (1831), lo ritrae alla ricerca della donna unica attraverso le sue numerose conquiste. Baudelaire, in *Dom Juan all'inferno* (1857), lo trasforma in una fiera figura di Satana.

Il personaggio è stato utilizzato nuovamente nel XX secolo, per parodiarlo o santificarlo. Il poeta Milosz, in *Miguel Mañara* (1912), lo mostra toccato dalla grazia dell'amore infinito di Dio, l'unico in grado di soddisfarlo. Al contrario, Montherlant, in *La Mort qui fait le Trottoir* (1956), mostra l'età del mito mostrando un personaggio stanco della bellezza di un tempo. Il soprannaturale è soppresso.

ULTERIORI RIFLESSIONI

ALCUNE DOMANDE SU CUI RIFLETTERE...

- Spiegare il titolo: *Dom Juan o il libertino punito.*

- Dimostrare in che misura la prima scena del primo atto è una scena di esposizione.

- Spiega il giudizio di Sganarelle sul suo padrone: "Ma un grande signore diventato un uomo malvagio è una cosa terribile" (Atto I, Scena 1)

- Si può dire che Sganarelle sia il sosia inferiore di Dom Juan?

- Quali erano i diversi significati della parola "libertino" nel 17° secolo? In che modo Dom Juan li incarna tutti?

- Nel ritratto che Dom Juan fa di sé per giustificare la sua incostanza, si paragona ad Alessandro Magno. Spiega perché.

- La commedia di Molière non segue la regola classica delle tre unità (unità di luogo, tempo e azione). Spiegate perché.

- In che misura l'opera di Molière è una « pièce à machines »?

- Quanto sono importanti gli effetti scenici spettacolari nella commedia di Molière?

- Perché Dom Juan finge di essere un devoto nel V atto?

- In che modo il Dom Juan appartiene all'estetica barocca?

- Spiegate perché la figura di Dom Juan è diventata una leggenda.

ULTERIORI LETTURE

EDIZIONE DI RIFERIMENTO

Molière (2006) *Dom Juan*. Parigi: Éditions Larousse.

Vogliamo sapere da voi!
Lasciate un commento sulla vostra biblioteca online
e condividete i vostri libri preferiti sui social media!

Perché scegliere Must Read?

Scoprite tutto quello che c'è da sapere su
un libro, con i nostri riassunti e le nostre
analisi concise e approfondite!

**Scoprite il meglio della letteratura
sotto una luce completamente nuova!**

www.50minutes.com

www.50minutes.com

Master ISBN: 9782808689601
ISBN cartaceo: 9782808611008
Deposito legale: D/2023/12603/1380

Copertura: © Primento

Concezione digitale a cura di Primento, il partner digitale degli editori.